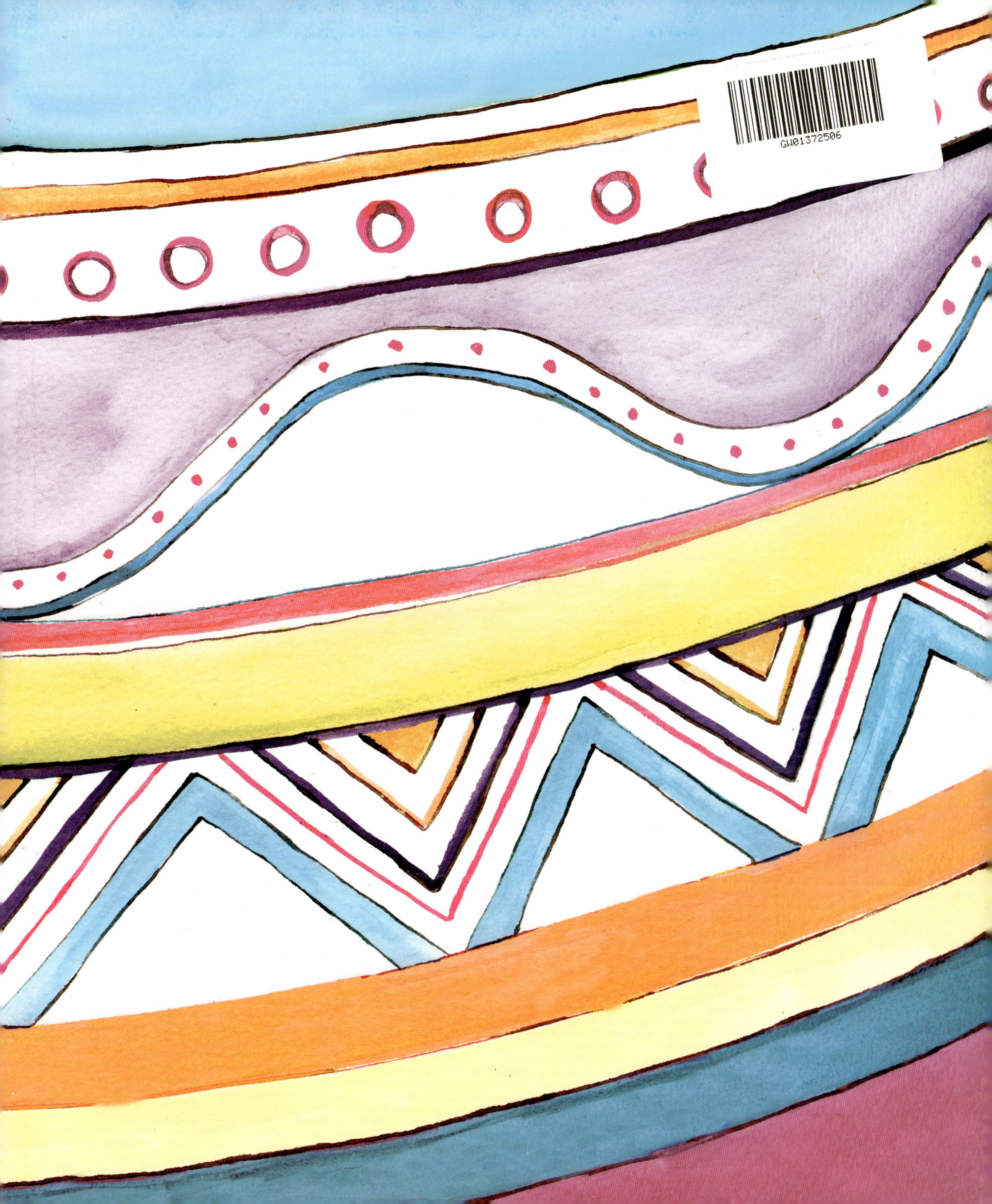

Copyright © Parragon Books Ltd

Text: Dawn Casey
Illustrationen: Katy Hudson

Alle Rechte vorbehalten. Die vollständige oder auszugsweise Speicherung, Vervielfältigung oder Übertragung des Werkes, ob elektronisch, mechanisch, durch Fotokopie oder Aufzeichnung, ist ohne vorherige Genehmigung des Rechteinhabers urheberrechtlich untersagt.

Copyright © für die deutsche Ausgabe
Parragon Books Ltd
Chartist House
15–17 Trim Street
Bath BA1 1HA, UK
www.parragon.com

Realisation: trans texas publishing services GmbH
Übersetzung: Ronit Jariv, Köln

ISBN 978-1-4723-9851-2
Printed in China

Das allerschönste OSTEREI

Text: **Dawn Casey**
Illustrationen: **Katy Hudson**

Parragon

An einem warmen Frühlingstag schnupperte ein kleiner grauer Hase im hohen Gras die frische Luft.

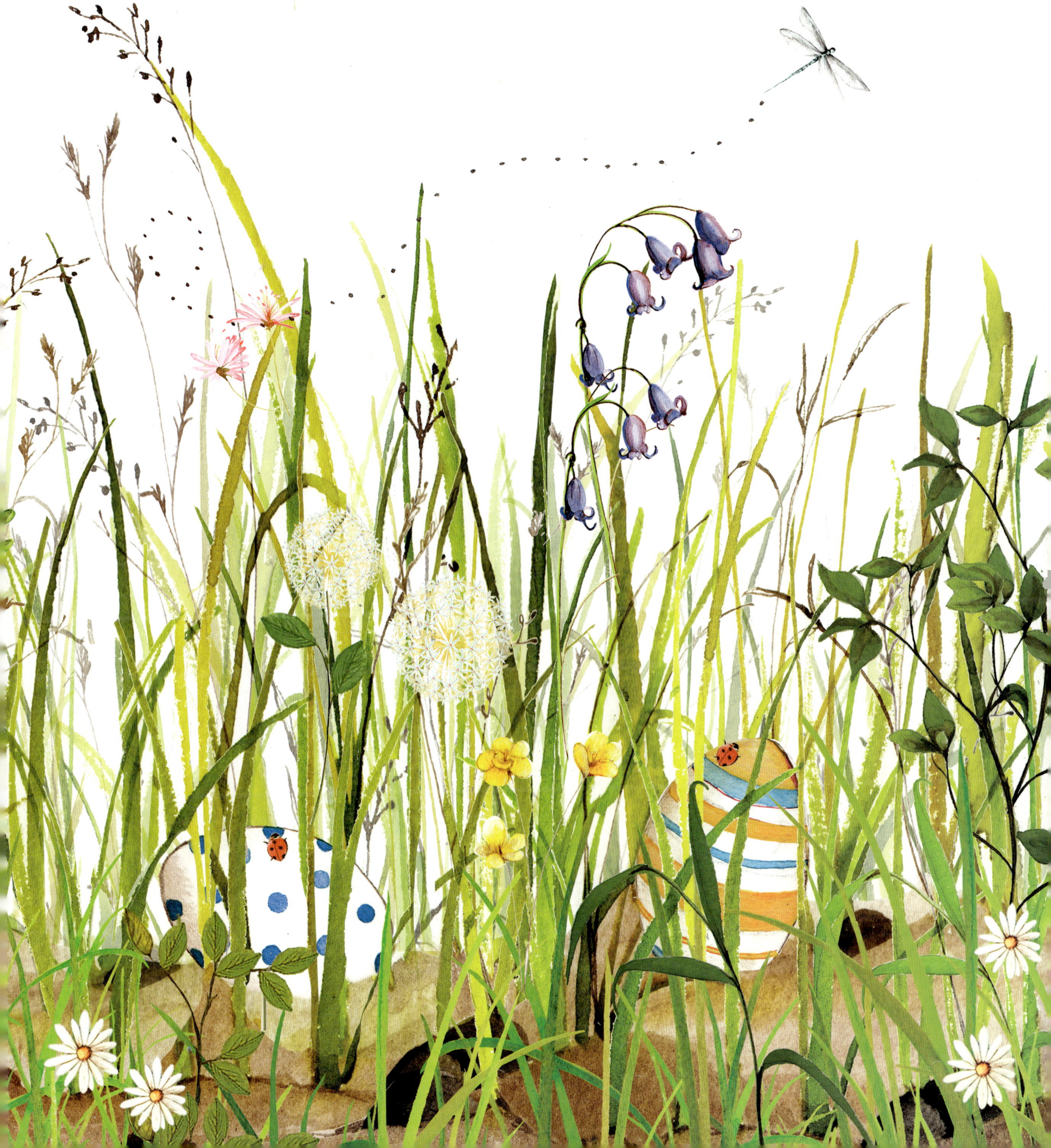

Es war Ostern:
Zeit, Ostereier zu suchen.
Mama Hase sagte: „Dieses Jahr sind
ganz viele Eier versteckt."

„Es gibt **gestreifte** Eier und **gepunktete** Eier, **himmelblaue** Eier, **rosafarbene** Eier und Eier, so gelb wie **Butterblumen**!"

„Ich möchte ein ganz besonderes Ei", sagte der kleine Hase.
Dann hoppelte er davon, um dieses besondere Ei zu finden.

Auf dem Bauernhof hüpfte ein Küken um einen Heuhaufen herum. „Bitte hilf mir, kleiner Hase", tschilpte es. „Ich komme nicht an das Ei heran."
Der kleine Hase sprang mit einem Satz auf den Heuhaufen. Ganz oben lag ein himmelblaues Osterei.

„Ich habe nicht viel, aber ich kann dir zum Dank ein paar Federn geben", sagte das Küken.
Der kleine Hase legte die Federn in sein Körbchen und hoppelte davon.

Auf der Wiese hatte der Schmetterling
ein winziges Ei gefunden. Es war so
gelb wie eine Butterblume.

Das Gras raschelte im Wind,
und die Luft war voller Bienen.

Der kleine Hase hoppelte fröhlich umher. Er folgte einer summenden Biene, knabberte an einem grüngelben Blatt und pflückte einen Strauß Frühlingsblumen.

„Ach", dachte der kleine Hase, „ich habe
ja fast vergessen, dass ich ein Ei finden will."
Dann hoppelte er davon. Auf dem Hügel rannten
und sprangen die Lämmer herum.

Der kleine Hase suchte in den Bäumen ...

... und in den Büschen.

Er fand ein Büschel Schafswolle an den Dornensträuchern, aber kein einziges Ei.

Also hoppelte er weiter.

Im Wald hörte
der kleine Hase
ein Piepsen.
„Ich bekomme dieses
Ei nicht aus der
Erde heraus!",
jammerte die Maus.
„Ich helfe dir",
sagte der kleine Hase.
„Ich kann gut buddeln."

KRATZ   SCHAB   GRAB   BUDDEL

„Toll!" staunte die Maus und sah am Ei hinunter.

„Das ist ja größer als unser Mauseloch!" Als Dankeschön schenkte die Maus dem Hasen ein Büschel duftender Gräser.

Der kleine Hase ließ die Ohren hängen.
„Die Maus hat ein ganz besonderes
Ei gefunden", seufzte er.
„Und ich noch gar keins."

Der kleine Hase hatte keine Lust mehr herumzuhoppeln. Er setzte sich neben den Ententeich.

Doch da, am Teichrand, war ein Ei! Aber es war weder groß noch gepunktet, gestreift, rosa, himmelblau oder buttergelb.

Es war klein

und schlicht

und weiß.

„Das sieht nicht nach einem besonderen
Ei aus", dachte der kleine Hase.

Er berührte das Ei mit der Pfote.
„Oh", flüsterte er, „es ist ganz warm!"

Ein kalter Wind kam auf. Der kleine Hase fror.
„Keine Sorge, kleines Ei", sagte er, „ich halte dich warm."
Der kleine Hase leerte sein Körbchen aus.

Er nahm die Gräser und die
Blumen und flocht sie zu
einem Nest.

Das Nest legte er mit
der warmen Schafswolle
und den weichen Federn aus.

Dann legte er das Ei ins Nest. Nach diesem langen Tag war er sehr müde und schlief schon bald neben dem Nest ein.

Piep! Piep!

Was war das für ein Geräusch?

Piep! Piep!

Es kam aus dem Inneren des Eis.

Das Ei wackelte im Nest hin und her
und machte dabei die ganze Zeit

Piep!   Piep!   Piep!

Endlich, KNACK, kam ein Schnabel hervor.

Und KNACK, …

ein Küken!

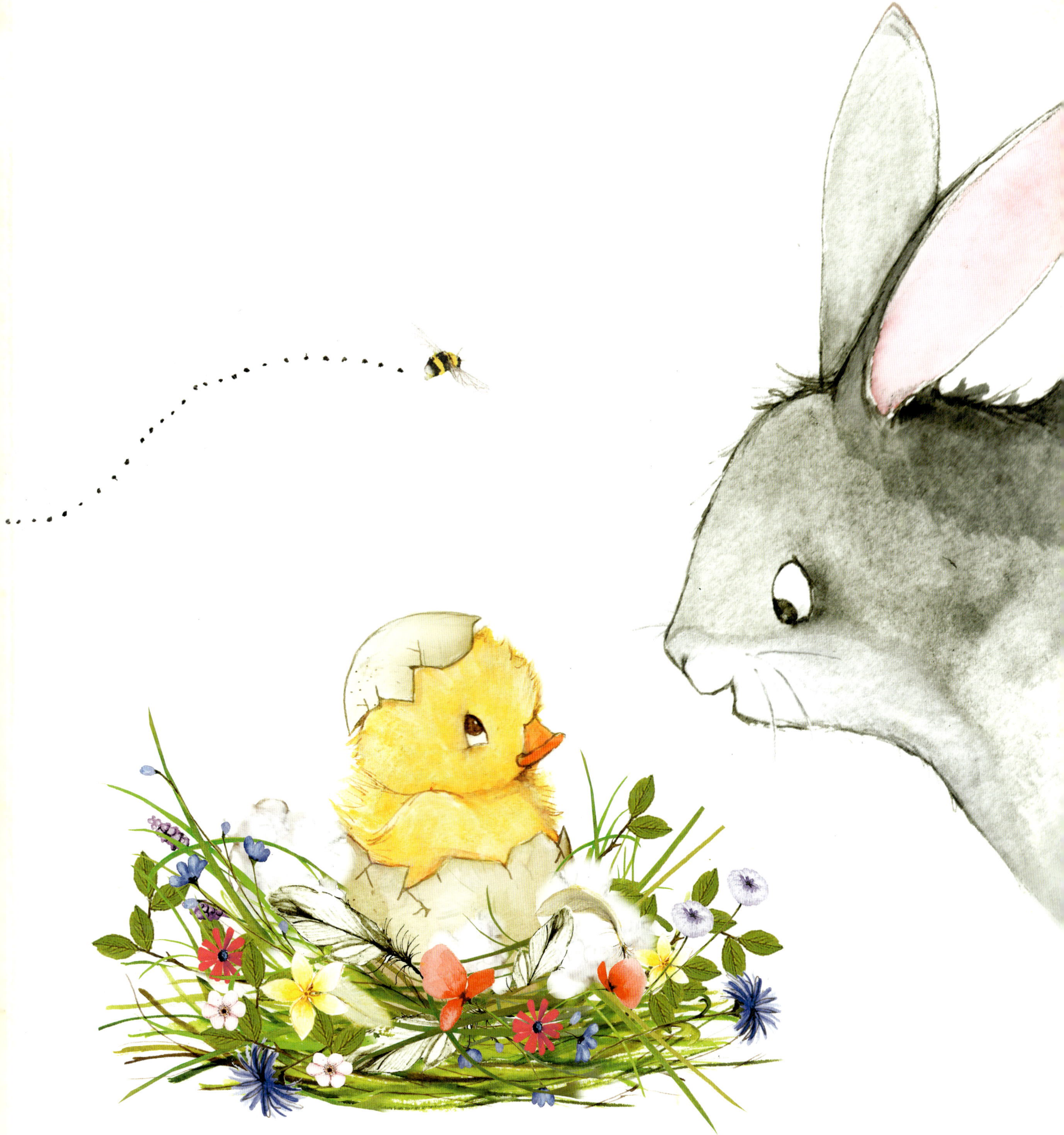

Quak! Quak! Eine Ente kam
ans Ufer geschwommen.
„Oh, da ist ja mein Ei!", sagte sie.
„Ich suche schon den ganzen Tag danach."

Der kleine Hase lächelte. „Ich bin froh, dass
ich dieses Ei gefunden habe", sagte er.

„Das ist das allerschönste Osterei von allen."

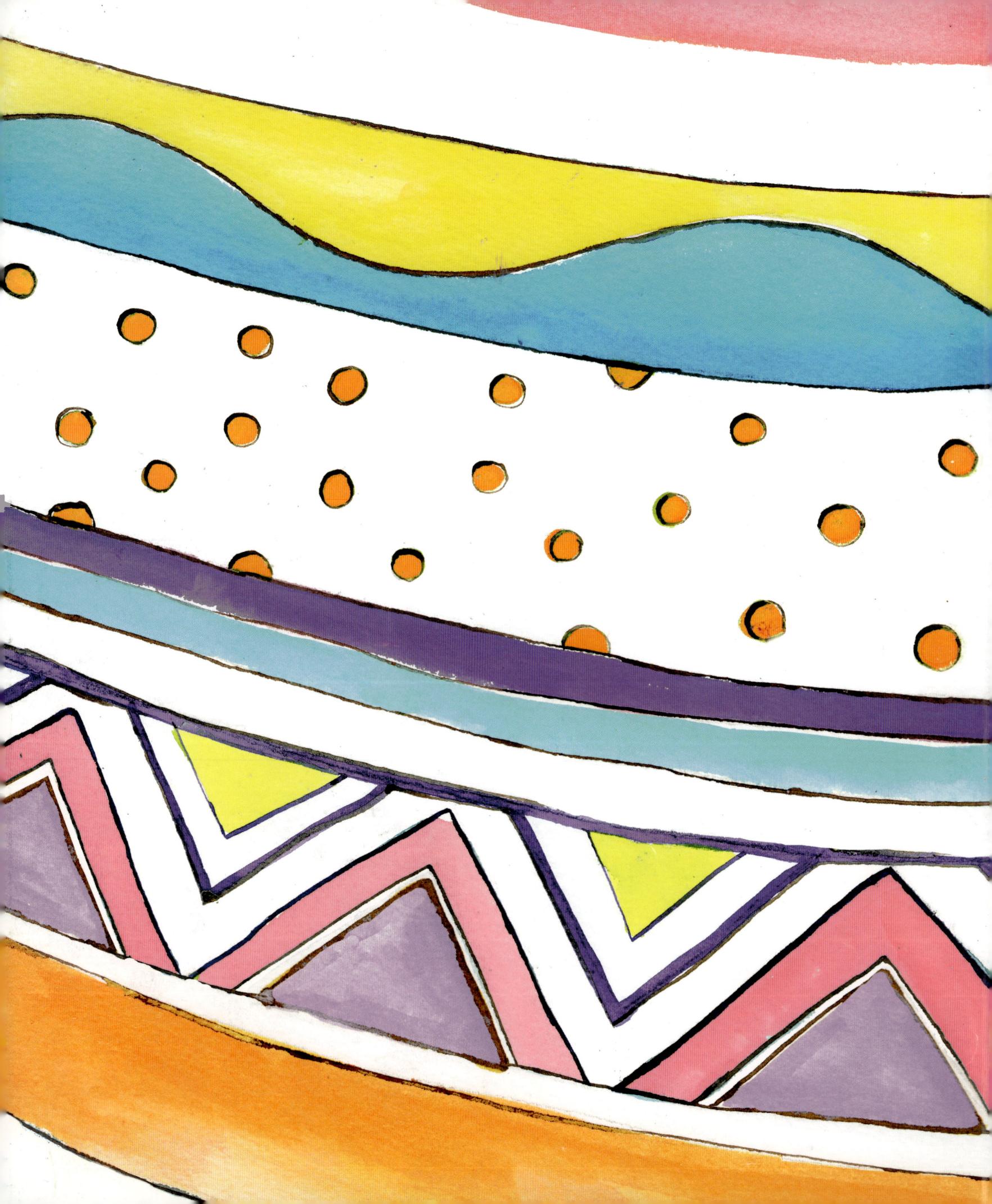